体育运动

街头花式篮球 三对三篮球

JIETOU HUASHI LANQIU　SANDUISAN LANQIU

主编　郑　磊　尹　峰
王荣波　张　斌

走进大自然
走到阳光下
养成体育锻炼
好习惯

吉林出版集团股份有限公司　全国百佳图书出版单位

图书在版编目(CIP)数据

街头花式篮球 三对三篮球 / 郑磊，尹峰等主编.—长春：吉林出版集团股份有限公司，2011.5（2024.1 重印）
ISBN 978-7-5463-5261-9

Ⅰ.①街… Ⅱ.①郑… ②尹… Ⅲ.①篮球运动—青年读物②篮球运动—少年读物 Ⅳ.①G841-49

中国版本图书馆 CIP 数据核字(2011)第 081739 号

街头花式篮球
三对三篮球

主编 郑磊 尹峰 王荣波 张斌
责任编辑 息望 沈航
出版发行 吉林出版集团股份有限公司
印刷 三河市同力彩印有限公司
版次 2011 年 7 月第 1 版 2024 年 1 月第 9 次印刷
开本 787mm × 1092mm 1/16 **印张** 10 **字数** 100 千
地址 吉林省长春市福祉大路 5788 号 **邮编** 130000
电话 0431-81629968
电子邮箱 11915286@qq.com
书号 ISBN 978-7-5463-5261-9
定价 45.80 元

目录 CONTENTS

街头花式篮球

目录 CONTENTS

目录 CONTENTS

街头花式篮球

第一章 运动保护

“生命在于运动”，但是盲目、不科学的运动非但不能起到强身健体的作用，反而会给身体带来一定的伤害。只有掌握体育锻炼的一般性生理卫生知识，科学地进行体育锻炼，才能起到健身强体的作用。

第一节 生理卫生

青少年在进行体育运动时，除了应进行一般性的身体检查和必要的咨询外，还要注意培养运动兴趣和把握适当的运动强度。

一、培养运动兴趣

在进行体育运动前，必须培养自己对体育运动的兴趣。培养兴趣的方法有很多，如观看体育比赛，与同学、朋友进行体育比赛等。有了浓厚的兴趣，就能自觉地投入体育运动之中，从而达到理想的体育锻炼效果。

二、把握运动强度

因为青少年进行体育运动，主要是在享受体育运动的过程中增强体质，提高健康水平，而不仅是为了创造运动成绩，所以运动强度不宜过大。控制运动强度最简单的办法是测定运动时的脉搏。对青少年来说，运动时的脉搏控制在每分钟 140 次左右较为合适。

第二节 运动前准备

运动前进行充分的准备活动，对于青少年来说是非常重要的。一些青少年体育运动爱好者，常常不重视运动前的准备活动，导致各种运动损伤，影响运动效果，也容易失去对体育运动的兴趣，甚至产生对体育运动的畏惧心理。因此，青少年在进行体育运动前，必须做好充分的准备活动。

一、准备活动的作用

运动前做好充分的准备活动能够对肌肉、内脏器官有很大的保护作用，同时还可以提前调节运动时的心理状态。

（一）提高肌肉温度，预防运动损伤

运动前进行一定强度的准备活动，不仅可以使肌肉内的代谢过程加强，温度增高，黏滞性下降，提高肌肉的收缩和舒张速度，增强肌力，同时还可以增加肌肉、韧带的弹性和伸展性，减少由于肌肉剧烈收缩而造成的运动损伤。

（二）提高内脏器官的功能水平

内脏器官的功能特点之一就是生理惰性较大，即当活动开始、肌肉发挥最大功能水平时，内脏器官并不能立刻进入

最佳活动状态。

（三）调节心理状态

青少年进行体育锻炼不仅是身体活动，同时也是心理活动。研究证明，心理活动在体育锻炼中起着非常重要的作用。体育锻炼前的准备活动，可以起到心理调节的作用，即接通各运动中枢间的神经联系，使大脑皮层处于最佳兴奋状态。

二、如何进行准备活动

一般来说，准备活动主要应考虑内容、时间和运动量等问题。

（一）内容

准备活动可分为一般准备活动和专项准备活动。一般准备活动主要是一些全身性的身体练习，如跑步、踢腿、弯腰等。一般准备活动的作用在于提高整体的代谢水平和大脑皮层的兴奋状态，减少运动损伤的发生。专项准备活动是指与所从事的体育锻炼内容相适应的动作练习。

下面介绍一套一般准备活动操，供青少年运动前使用。这套活动操主要包括头部运动、肩部运动、扩胸运动、体侧运动、体转运动、髋部运动和踢腿运动等。

1.头部运动

头部运动的动作方法(见图 1—2—1)是：

两手叉腰，两脚左右开立，做头部向前、向后、向左、向右，以及绕环运动。

2.肩部运动

肩部运动的动作方法(见图 1—2—2)是：

手扶肩部，屈臂向前、向后绕环，以及直臂绕环。

3.扩胸运动

扩胸运动的动作方法(见图 1—2—3)是：

屈臂向后振动及直臂向后振动。

4.体侧运动

体侧运动的动作方法(见图 1—2—4)是：

两脚左右开立，一手叉腰，另一臂上举，并随上体侧屈而摆动。

5.体转运动

体转运动的动作方法(见图 1—2—5)是：

两脚左右开立，两臂体前屈，身体向左、向右有节奏地扭转。

6.髋部运动

髋部运动的动作方法(见图 1—2—6)是：

两脚左右开立，两手叉腰，髋关节放松，向左、向右各做 360°旋转。

7.踢腿运动

踢腿运动的动作方法(见图 1—2—7)是：

两臂上举后振，同时一腿向后半步，然后两臂下摆后振，同时向前上方踢腿。

图 1—2—1

图 1—2—2

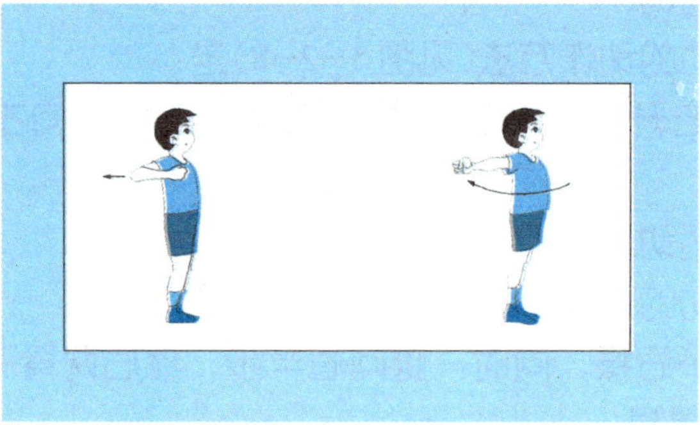

图 1—2—3

图 1—2—4

图 1—2—5

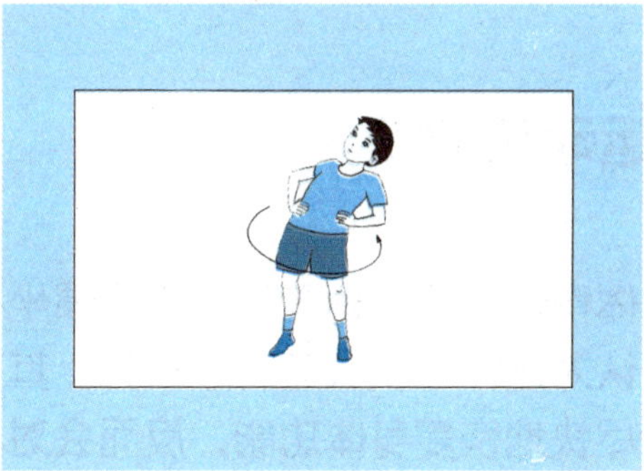

图 1—2—6

图 1-2-7

(二)时间和运动量

准备活动的时间和运动量随体育锻炼的内容和量而定，由于以健身为目的的体育运动量较小，因此准备活动的量也相对较小，时间也不宜过长，否则，还未进行体育锻炼身体就疲劳了。半小时的体育锻炼，准备活动时间一般以 10 分钟左右为宜。

第三节 运动后放松

进行剧烈的体育运动后，有些青少年习惯坐在地上，或是直接躺下来休息，认为这样可以快速消除疲劳。其实不然，这样做的结果不仅不能尽快地恢复身体功能，反而会对身体产生不良影响，正确的做法应该是运动后做一些整理活动，放松身体。

一、运动后整理活动的必要性

运动后的整理活动不但可以避免头晕等症状，还可以有效地消除疲劳。

（一）避免头晕

人体在停止运动后，如果停下来不动，或是坐下来休息，静脉血管失去了骨骼肌的节律性收缩，血液会由于受重力作用滞留在下肢静脉血管中，导致回心血量减少，心血输出量下降，造成暂时性脑缺血，出现头晕、眼前发黑等一系列症状，严重者甚至会出现休克。为了避免这些症状的发生，整理活动是非常必要的。

（二）消除疲劳

除了避免头晕等症状的发生，运动后的整理活动还可以改善血液循环状态，达到快速消除疲劳的目的。

在运动后放松时，应注意以下几个问题：

二、放松方法

（1）做一些放松跑、放松走等形式的下肢运动，促进下肢静脉血的回流，防止体育锻炼后心血输出量的过度下降；

（2）在下肢活动后进行上肢整理活动，右臂活动后做左臂的整理活动，通过这种积极性休息，使身体功能得到尽快恢复；

（3）整理活动的量不要过大，否则整理活动又会引起新的疲劳；

（4）在进行整理活动时，应当保持心情舒畅、精神愉快的感觉。

第四节 恢复养护

人体在运动后，除采用休息和积极性体育手段加速身体功能的恢复外，还可以根据体育运动的特点，补充不同的营养物质，以尽快消除疲劳。

体育运动结束后，人体内会产生一种叫作乳酸的酸性物质，它的积累会造成肌体的疲劳，使恢复时间延长。所以，我们在体育运动后，应多补充一些碱性食物，如蔬菜、水果等，而动物性蛋白等肉类食品偏“酸”，在运动后的当天可适当减少。

第二章 街头花式篮球概述

街头花式篮球也称街头篮球，是在街边篮球场上进行的一种形式自由、注重娱乐的篮球运动。其灵活多样的球技极具观赏性，正在被越来越多的青少年所喜爱,已成为一种街头时尚运动。

第一节 起源与发展

街头花式篮球起源于20世纪初，目前已有许多相关的组织和赛事，已成为一项风靡全球的时尚休闲运动。

一、起源

20世纪初，美国首府华盛顿和纽约市的黑人贫民区街边出现了一些简易的篮球场，贫民区的大人和孩子们在这些街边场地玩球，作为宣泄和消遣的一种方式，形成最初的街头花式篮球运动。

二、发展

20世纪70年代，一种被称为Hip-Hop的形式自由、富有创意的篮球风格逐渐在黑人贫民区形成，并且迅速向全美散播开来，这是美国街头花式篮球的迅速发展时期。

20世纪90年代，华盛顿学生体育协会和黑人篮球联盟等街头篮球组织相继成立，大大推动了街头花式篮球的发展。

20世纪90年代初，街头花式篮球传到中国香港，立即大受欢迎。由于地理位置的原因，这项运动很快就传到了中国广州。

1993年，广州的街头花式篮球队首次参加了阿迪达斯街头花式篮球挑战赛中国香港区的比赛。

1998年，阿迪达斯街头花式篮球挑战赛正式进入中国内地，街头花式篮球开始在中国大规模推广。

2001 年,街头花式篮球运动出身的 NBA 球员艾弗森带领球队进入 NBA 总决赛,掀起了街头花式篮球运动发展的高潮。同年,街头花式篮球协会正式成立。目前,街头花式篮球协会已经拥有很多支球队,并在每年 6 月至 9 月进行比赛,向世界各地的篮球爱好者展示街头花式篮球的独特魅力。

第二节 特点与价值

街头花式篮球形式自由、观赏性强,具有很好的健身价值和娱乐价值。

一、特点

(一)形式自由

街头花式篮球是一种时尚运动,以展示自我为中心,讲求形式自由、风格多元且富有创意的动作技巧,诠释了开放、自由、创造等文化特性。

(二)观赏性强

灵活多样的运球,充满想象力的传球与扣篮,跟强劲的 Hip-Hop 音乐融为一体,使得街头花式篮球成为一种极具观赏性的表演。

二、价值

（一）健身价值

青少年经常参加街头花式篮球运动，不仅能够提高力量、速度、弹跳等专项身体素质和运动能力，还能改善人体的中枢神经系统和内脏器官的功能状况。

（二）娱乐价值

街头花式篮球是随着动感的 Hip-Hop 音乐进行的，独特的运动风格和技巧与强劲的音乐融合在一起，能够使参与者身心愉悦。

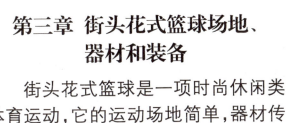

第三章 街头花式篮球场地、器材和装备

街头花式篮球是一项时尚休闲类体育运动，它的运动场地简单，器材传统，装备独特。

第一节 场地

进行街头花式篮球运动，可以选择标准的篮球场地，也可选择一般的练习场地。下面介绍标准篮球场地的规格、设施和要求等：

一、规格

标准篮球场地的规格(见图 3–1–1)是：

(1)场地长 28 米，宽 15 米；

(2)中线连接两个边线的中点，与端线平行；

(3)罚球线长 3.6 米，与端线平行，其外沿距端线内沿 5.8 米；

(4)罚球区是以罚球线中点为圆心、半径为 1.8 米的半圆区域；

(5)在距边线 1.25 米处，从端线引出两条平行线段，这两条平行线段与半径为 6.25 米的圆弧共同构成三分线。

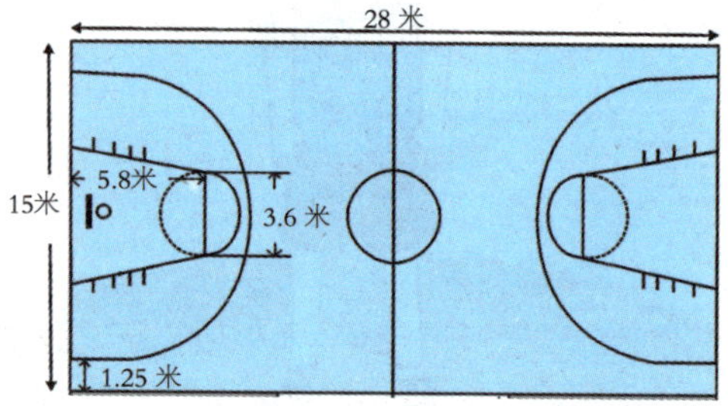

图 3–1–1

二、设施

篮球场的设施有篮架、篮板和球篮，这三者是一体的（见图 3-1-2）。

（一）篮架

篮架为金属材质，要能经受住一定的重量。

（二）篮板

篮板由 0.03 米厚的坚硬木料或适宜的透明材料制成，横宽为 1.8 米，竖高为 1.05 米，下沿与地面的距离为 2.9 米。

（三）球篮

1. 篮圈

（1）篮圈由实心铁条制成，内径为 0.45 米；

（2）篮圈安装在篮架上，篮圈顶面应保持水平；

（3）篮圈与篮板两垂直边的距离相等。

2. 篮网

篮网由白色网绳结成，悬挂在篮圈上，网长为 0.4～0.45 米。

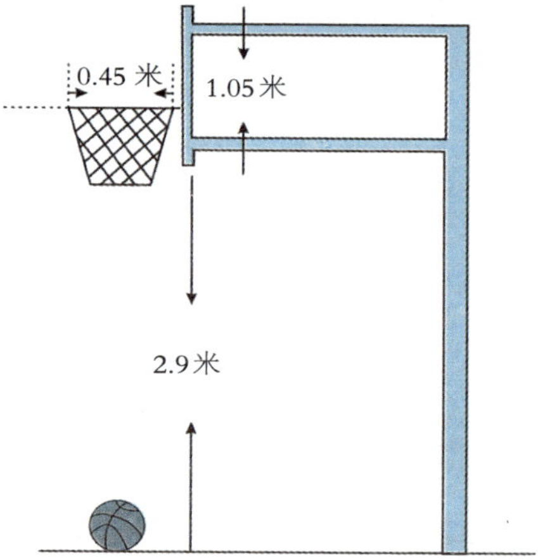

图 3—1—2

三、要求

标准篮球场地的要求是：

(1)天花板或最低障碍物的高度至少应为 7 米；

(2)球场地面要平整，不要有凸起或小坑；

(3)场地的灯光照度至少应为 1500 勒克斯(在地面上方 1 米处测量)。

第二节 器材

街头花式篮球所用的篮球，在规格和材质上和传统篮球是相同的。

一、规格

篮球的规格(见图 3-2-1)是：

(1)呈标准的圆球体,颜色一般为橙色；

(2)球的圆周不得小于 0.749 米,不得大于 0.78 米；

(3)球的重量不得轻于 567 克,不得重于 650 克。

二、材质

篮球的外壳由皮革、橡胶或合成物质制成,球面的接缝宽度不得超过 6.35 毫米。

图 3-2-1

第三节 装备

街头花式篮球的运动装备包括服装、球鞋和护具等。

一、服装

(一)款式

服装应以运动 T 恤和短裤为主，要求宽大、舒适，这是由街头花式篮球的运动特点决定的，也是展现球手个性的一种方式(见图 3-3-1)。

(二)材质

服装的材质以吸汗效果好的纯棉料为宜。

图 3-3-1

二、球鞋

进行街头花式篮球运动时，选择一双好的球鞋是做好自我保护的重要前提。一般来说，应选择摩擦力强、舒服的球鞋（见图3-3-2）。

图 3-3-2

三、护具

护具的选择比较自由、灵活，没有严格的限制，根据个人习惯而定，包括护腕、护膝和护肘等(见图 3-3-3)。

图 3-3-3

第四章 街头花式篮球基本技术

在学习街头花式篮球的基本招式之前，需要掌握好一些基本技术，包括运球、传接球和投篮等。

第一节 运球

运球是街头花式篮球中重要的进攻手段，可用来摆脱防守、联系同伴、组织配合，包括高运球、低运球、侧身体前换手变向运球、运球急停急起、体后变向运球和运球转身等。

一、高运球

高运球的动作方法（见图 4-1-1）是：

（1）两脚前后分开站立，两膝略屈，目视前方；

（2）运球手臂自然弯曲，以肘关节为轴，用手按球后侧上方，球的落点在身体侧前方，球的反弹高度在腰、胸之间。

图 4-1-1

二、低运球

低运球的动作方法(见图 4-1-2)是：

(1)降低重心，上体前倾，用上体和腿保护球；

(2)手短促地按拍球，球的反弹高度在膝关节以下；

(3)行进间低运球的拍球部位在球的后上方或后侧方。

图 4-1-2

三、侧身体前换手变向运球

侧身体前换手变向运球的动作方法(见图 4-1-3)是：

(1)运球队员从对方右侧突破时，先向对方左侧运球，当对方向左侧移动时，突然向右侧变向，用右手按拍球的右侧上方；

(2)右脚同时向左前方跨出，用肩、腿、上体挡住对方，迅速换左手按拍球的后上方，从对方右侧运球超越对方。

图 4-1-3

四、运球急停急起

运球急停急起的动作方法(见图 4-1-4)是：

(1)运球急停时，利用跨步急停动作，用手按拍球的前上方，变为暂时的原地运球，用臂、身体保护球；

(2)急起时身体重心迅速前移，后脚用力蹬地跨出，同时用手按拍球的后上方，推球前进。

图 4-1-4

五、体后变向运球

体后变向运球的动作方法(见图 4-1-5)是:

(1)右手运球,变向时用右手将球控制到身后,按拍球的右侧上方,使球至左脚侧前方;

(2)立即换左手运球,右脚迅速向左、向前跨出,用左手运球突破对方。

图 4-1-5

六、运球转身

运球转身的动作方法(见图 4-1-6)是:

(1)右手运球,变向时左脚前跨一步为中枢脚,右手按拍球的后侧前方;

(2)接着做后转身动作,将球拉向身体的后侧方;

(3)然后换左手运球,从对方的右侧突破后加速前进。

图 4—1—6

第二节 传接球

传接球是街头花式篮球中转移球的方法，是重要的进攻手段。

一、传球

传球包括双手胸前传球、单手肩上传球和单手体侧传球等。

（一）双手胸前传球

双手胸前传球的动作方法（见图 4—2—1）是：

（1）两手持球于胸、腹之间，两肘自然弯曲于体侧，身体呈基本站立姿势，两眼平视传球目标；

（2）传球时后脚蹬地发力，身体重心前移，两臂前伸，两手腕随之内旋，拇指用力下压，食指、中指用力拨球并将球传出，球出手后，两手向下，略向外翻。

图 4—2—1

（二）单手肩上传球

单手肩上传球的动作方法（见图 4—2—2）是：

（1）两手持球于胸前，两脚平行分开站立；

（2）右手传球时，左脚向传球方向跨出半步，右手靠左手指拨送球的力量将球引至右肩侧上方，右肩关节引展。

图 4—2—2

（三）单手体侧传球

单手体侧传球的动作方法（见图 4—2—3）是：

（1）两脚分开站立，两手持球于胸前；

（2）右手传球时，在左脚向左前方跨步的同时，将球引至身体右侧，右手单手持球；

（3）出球前一刹那，持球手的拇指在上，手心向前，手腕后屈，前臂向前做弧线摆动，手腕前屈，食指、中指和无名指拨球，将球传出。

图 4—2—3

二、接球

接球包括双手接球和单手接球等。

(一)双手接球

双手接球的动作方法(见图 4—2—4)是:

(1)两眼注视来球,肩臂放松,手臂迎球伸出,两手呈半圆形,自然分开迎球,手指自然分开,两拇指呈“八”字形;

(2)当手指触球时屈肘,两臂随球后引,持球于胸腹之间,做好传球或投篮准备。

图 4-2-4

(二)单手接球

单手接球的动作方法(见图 4-2-5)是:

(1)两眼注视来球,肩臂放松,右手迎球伸出,右臂略屈,手掌呈勺形;

(2)迎球伸臂,触球后撤,卷腕,把球引至胸前两手持球。

图 4-2-5

第三节 投篮

娴熟花哨的技术动作是为了创造更好的投篮机会，所以投篮技术非常重要，包括原地单手肩上投篮、行进间单手高手投篮、行进间单手低手投篮和运球急停跳投等。

一、原地单手肩上投篮

原地单手肩上投篮的动作方法（见图 4-3-1）是：

（1）右手五指自然张开，用指根以上部位持球，手心空出，左手扶球左侧，右臂屈肘，置球于右肩前上方；

（2）两脚左右或前后分开站立，两膝略屈，重心落在两脚掌上；

（3）投篮时下肢蹬地发力，食指、中指用力拨球，压腕；

（4）球出手的瞬间，身体随投篮动作向上伸展。

图 4-3-1

二、行进间单手高手投篮

行进间单手高手投篮的动作方法(见图 4—3—2)是：

(1)以右手投篮为例，右脚先跨出接球，左脚跟上并起跳，右脚屈膝向上抬起，两手举球于右臂前上方；

(2)腾空后右臂向前上方伸展，完成单手肩上投篮动作。

图 4—3—2

三、行进间单手低手投篮

行进间单手低手投篮的动作方法(见图 4-3-3)是:

(1)步法和起跳与行进间单手高手投篮相同,只是第二步要加快速度;

(2)持球时,右手将球引至右肩侧前上方,托球下部;

(3)投篮时,手臂向前上方伸展,用屈腕、挑指的力量将球拨出。

图 4-3-3

四、运球急停跳投

运球急停跳投的动作方法(见图 4—3—4)是:

(1)在快速运球过程中急停,两膝略屈,重心快速移动至两脚之间,并迅速蹬地向上起跳;

(2)两手举球,当身体接近最高点时,完成单手肩上投篮动作。

图 4—3—4

第五章 街头花式篮球基本招式

花哨的招式是街头花式篮球的魅力所在，能够展示球手的个性和技术风格。本章介绍街头花式篮球的19个基本招式。

第一节 “大红灯笼高高挂”

“大红灯笼高高挂”是以手指为轴让球在手指上转动的招式，也是用来熟悉球性的基本招式。

一、动作方法

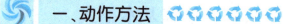

“大红灯笼高高挂”的动作方法(见图 5-1-1)是：

(1)两脚平行站立，右手托球，两眼注视球体，屏住呼吸，用手指和手掌感觉球的重心；

(2)将球后引，掌心向前，身体略向右转 45°；

(3)从脚部发力，身体由右向左转动，随着身体的转动，手指、手腕由外向内旋转，使球转动，顺势用食指将球顶起；

(4)球在指尖转动时，用左手掌顺着球的转动方向切削球的侧面，给球加转，使球越转越快；

(5)当球达到一定转速时，球在手指尖的稳定性较高，此时手腕内旋将球下引，从腋下经体外侧走一个圆形轨迹，回到最初位置。

图 5-1-1

二、练习方法

“大红灯笼高高挂”是一个球性练习的招式，练习方法是：

(1)做球在手指上的稳定停留练习；

(2)做球在手指上单圈转动练习；

(3)能够完成单圈转动后，做多圈转动练习。

第二节“海豹戏球”

“海豹戏球”有别于“大红灯笼高高挂”，它是一个用整只手来熟习球性的招式，要求手指、手背、手心和手腕各点如同一个滚轴轴承，以手的转动带动球的转动。

一、动作方法

“海豹戏球”的动作方法(见图 5-2-1)是：

(1)两脚平行站立，右手托球于肩上，两眼注视球体，屏住呼吸，用手指和手掌感觉球的重心；

(2)将球后引，身体由右向左转动，随着身体的转动，手指、手腕由外向内旋转，使球转动，顺势用食指将球顶起；

(3)球在指尖转动时，顺势将手指、手腕弯曲，球的重力使球下落到手背上；

(4)当球在手背时，手腕向上翻转，使球回到指尖，左手给球加转，使其达到一定转速；

(5)让球再次落到手背上，循环往复，不断练习。

图 5—2—1

二、练习方法

要掌握这一招式必须对球性比较熟悉，练习方法是：

(1)做球在指尖、手背上的稳定停留练习；

(2)做球从手指到手背的滚动练习；

(3)球在手指上转动后，做球从手指到手背的滚动练习。

第三节“游龙戏珠”

“游龙戏珠”是让球在手背、手臂、胸前循环游走的招式。

一、动作方法

“游龙戏珠”的动作方法(见图 5-3-1)是:

(1)两脚平行站立,两手持球于手上,两眼注视球,屏住呼吸,用手指和手掌感觉球的重心;

(2)将球向上轻抛,两手掌心向下,身体重心略前倾,球在两手背之间,右手略抬高,身体略向右转动,使球滚向左手背;

(3)当球由左手背滚动到左前臂时,左前臂上抬,使球由左前臂经左上臂滚动到胸前;

(4)球在胸前滚动时,身体后倾,使球在胸前有一支点,以防掉下;

(5)球由胸前向右上臂滚动时,用身体略给球施力,使球向右前臂滚动;

(6)当球转到两手之间时,左手略沉,使球开始新的绕臂循环。

图 5—3—1

二、练习方法

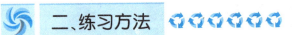

要掌握这一招式必须对球性比较熟悉，特别是身体对球的位置变化要有感觉，练习方法是：

(1)做球在单臂上的滚动练习；

(2)做球从单臂到胸前的滚动练习；

(3)做单圈转动练习；

(4)能够完成单圈转动后，做多圈转动练习。

第四节“神猴献桃”

“神猴献桃”是让球从手背滚动到手指再滚动回手背的招式，常用于迷惑防守者。

一、动作方法

“神猴献桃”的动作方法(见图 5-4-1)是：

(1)两脚平行站立，两手持球，两眼注视球体，用手指和手掌感觉球的重心；

(2)两手由下向上翻，使球贴着手掌由指尖经手背、手腕一直滚到前臂中部。

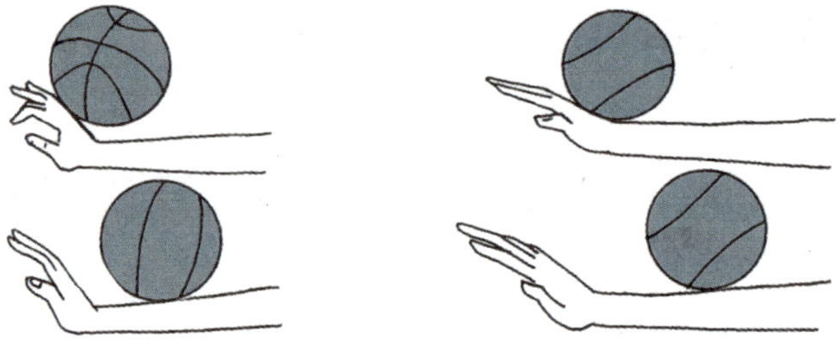

图 5-4-1

二、练习方法

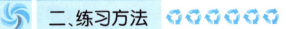

要掌握这一招式必须对球性比较熟悉，练习方法是：

(1)做球在手指、手背、手腕上的稳定性练习；

(2)做球从手指到手背、手腕的滚动练习；

(3)做球从手指到手背、手腕，再到前臂中部的滚动练习；

(4)能够完成单次滚动后，做连续滚动练习。

第五节“绣球过桥”

“绣球过桥”是一种抛接球招式，球从身前飞到身后，从左侧飞到右侧，球抛得要高，前抛后接，左抛右接，动作比较简单，但也需要认真练习。

一、动作方法

“绣球过桥”的动作方法（见图 5-5-1）是：

（1）两脚平行站立，右手持球于手上，屏住呼吸，用手指和手掌感觉球的重心；

（2）将球向左后上轻抛，高度略超过头顶；

（3）身体略向右前转，眼睛盯着球，右手回收，准备在体后接球；

（4）当球落到与头顶同高时，右手主动迎球，使球落在手掌上；

（5）然后再抛球，循环进行练习。

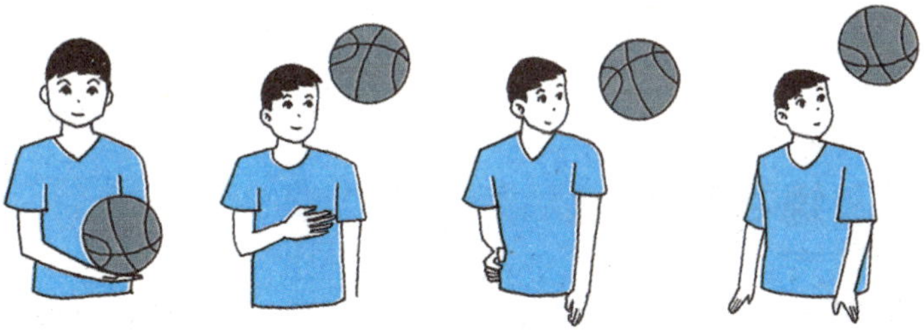

图 5—5—1

二、练习方法

要掌握这一招式必须对球性比较熟悉，特别是身体对球的位置变化要有感觉，练习方法是：

（1）做双手胸前抛球、双手背后接球练习；

(2)做单手体前抛球、双手背后接球练习；

(3)做单手背面抛球、正面接球练习。

第六节 “穿越流星”

“穿越流星”是一手托球并抛起，另一手从抛起的空隙迅速来回穿梭的招式，它对两臂的协调配合能力有较高要求。

一、动作方法

“穿越流星”的动作方法(见图 5-6-1)是：

(1)两脚平行站立，右手持球于手上，用手指和手掌感觉球的重心，左手举起做好准备；

(2)当球被抛起时，左手迅速在球底穿过，并在球还没有落到手上时收回；

(3)右手持续做抛球动作，而左手持续做左右摆动穿越动作。

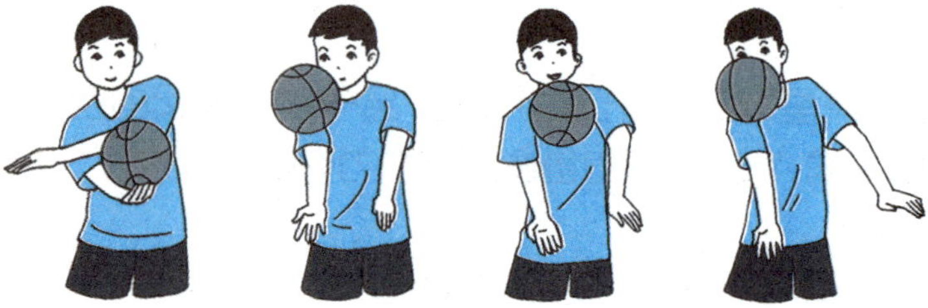

图 5—6—1

二、练习方法

要掌握这一招式必须做好身体协调，对球性比较熟悉，两只手要协调配合，练习方法是：

（1）做一次性动作练习，并逐渐加速；

（2）做连续性动作练习，并逐渐加速。

第七节“轮盘旋转”

“轮盘旋转”的难度较大，它是以身体为转轴，让球在上面转动的招式，要求球随着身体的转动而转动。练习者要用身体来体会球的转动，用心来感受球的位置变化。

一、动作方法

“轮盘旋转”的动作方法（见图 5—7—1）是：

（1）两脚平行站立，身体前屈，头低下，使肩部呈平坦势，两手轻抛球，使球落在右手背上；

（2）右手略抬，使球沿着手腕、前臂向上臂和肩颈滚动；

（3）当球由上臂到达肩颈部时，头下低，左肩略下沉，使球继续滚动到左上臂；

（4）当球到达左手腕时，右手与左手连接，以利于球的继续滚动。

图 5—7—1

二、练习方法

要掌握这一招式需要良好的球感和身体对球的感觉。球在滚动时，身体要随着球的位置变化而调整，要时刻感觉到球的重心，使球稳定在身体上，练习方法是：

（1）两手轻抛球使球落在右手背上，并沿着右臂滚动到肩部，反复练习；

（2）使球从右臂滚动到肩部后，调整身体重心，使球继续向左臂前行，反复练习；

（3）做一次完整练习。

第八节“怀中揽月”

“怀中揽月”是让球在衣服里转一圈，通过球在腰间滚动，让身体体验球的动感的招式。这个招式的关键动作是，球要从身体前面进入衣服内，围绕身体转一圈后再从身体前面出来。

一、动作方法

“怀中揽月”的动作方法（见图 5-8-1）是：

（1）两脚平行站立，右手持球于手上，用手指和手掌感觉球的重心；

（2）将球向地面（两脚之间）用力拍下，左手迅速将宽大的 T 恤掀开，将球包入衣内；

（3）球进入衣内后，迅速以两手轻拍球的右侧面，身体同时略向右转，使球由左经身后向右围绕身体转动，直到胸前。

图 5—8—1

二、练习方法

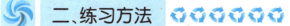

练习这一招式需要穿宽大的 T 恤，要掌握这一招式必须对球性比较熟悉，特别是身体对球的位置变化要有感觉，练习方法是：

(1)球弹起后，做用衣服兜球的练习；

(2)做球在衣内围绕身体转动的练习；

(3)做一次完整练习。

第九节 "韩信点兵"

"韩信点兵"是围绕两腿前后快速点拍运球来练习手上功夫的招式，这一招式的关键是运球要低且快。

一、动作方法

"韩信点兵"的动作方法(见图 5-9-1)是：

(1)两脚平行开立，身体前屈，以左手运球于左脚前；

(2)快速用手指、手腕拍击球，使球向两腿之间移动；

(3)当球在两腿之间时，右手从体后接拍球，使球由右腿后部经体侧到体前；

(4)当球到体前时，再交由左手继续运球。

图 5—9—1

二、练习方法

练习这个招式时需要屈膝、弯腰、重心下降，练习方法是：
(1)做原地体前左右手低运球练习；
(2)做原地体后左右手低运球练习。

第十节 "十指弹点"

"十指弹点"是用每一个手指来点拍球，感受球的力度的招式，是一种练习球感和运球的方法。

一、动作方法

"十指弹点"的动作方法(见图 5-10-1)是：
(1)坐在地上，身体放松，以单个手指(从拇指开始)拍球；
(2)拇指拍球疲劳后，依次用食指、中指、无名指和小指拍球。

图 5-10-1

二、练习方法

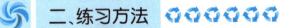

“十指弹点”本身就是一种练习球感和运球的方法，关键在于长时间坚持练习，练习方法是：

(1)做五指拍球练习；

(2)做单个手指拍球练习；

(3)做五个手指循环拍球练习。

第十一节“蝴蝶穿花”

“蝴蝶穿花”是用两只手在胯下轮流拍球的招式，要求球拍得低、拍得快，使球与人融为一体。

一、动作方法

“蝴蝶穿花”的动作方法(见图 5-11-1)是：

(1)两脚平行开立，身体前屈，两膝弯曲，重心下降；

(2)低拍球于两腿之间，每只手每次只能拍 1 次球，拍球频率要快，球的落点基本固定；

(3)每拍 1 次球，手都要换位，从体前换到体后或从体后换到体前。

图 5-11-1

二、练习方法

练习这个招式需要屈膝、弯腰、重心下降，两腿一直处于半蹲状态，练习方法是：

(1)做原地体前左右手低拍球练习；

(2)做原地一只手体前、一只手体后低拍球练习；

(3)做中速高拍球练习。

第十二节 “足踏球花”

“足踏球花”是手脚配合，让球在两脚之间翻滚的招式。球要正好落在脚抬起的地方，而且应球落脚抬、脚落球起。

一、动作方法

“足踏球花”的动作方法(见图 5-12-1)是：

(1)两脚平行开立，身体放松，保持正直，手指、手腕用力在体侧拍球，感觉球的落点；

(2)以左手手指、手腕之力将球拍到身后左脚跟后部；

(3)此时左腿后踢，在左腿后踢的瞬间，球落在地上并反弹至身体右后侧，用右手接球；

(4)右手继续将球拍运到右脚跟后部，同时右腿后踢，球反弹至身体左后侧，用左手接球。

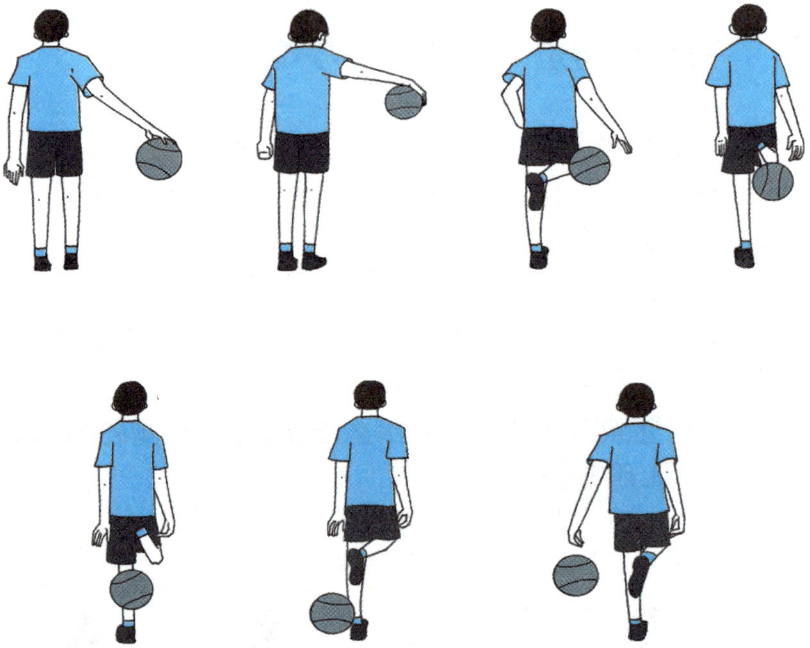

图 5—12—1

二、练习方法

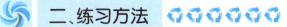

要掌握这个招式需要良好的球感，以及手指、手腕对球的控制能力，并能准确估计到球的落点和反弹方向，练习方法是：

（1）做原地体前左右手变向运球练习；

（2）做原地体后左右手变向运球练习，用眼睛余光看球；

（3）做不看球的后踢腿变向运球练习。

第十三节 “流星闪动”

“流星闪动”是通过手脚配合让球在两腿之间来回穿梭，并伴随着两腿前后交换的招式。这一招式犹如流星闪动一般，要求两腿交换快、两手拍球快。

一、动作方法

“流星闪动”的动作方法（见图 5-13-1）是：

（1）两脚前后开立（左脚在前、右脚在后），身体前倾，两膝弯曲，重心下降；

（2）左手低拍球于身体左侧，将球通过胯下拍运到身体右侧；

（3）当球到达身体右侧时，右脚蹬地前跨，左脚后撤，两腿交叉换位；

（4）右手将球再拍回到身体左侧时，两腿再做交叉换位；

（5）球每变向 1 次，两腿交换 1 次，速度越快越好。

图 5-13-1

二、练习方法

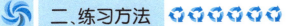

练习这个招式需要屈膝、重心下降，两腿一直处于弓步、半蹲状态。每拍 1 次球后要弓步两脚换位，动作要快速且有节奏，练习方法是：

（1）做原地弓步胯下变向运球练习；

（2）做原地体侧运球练习，体会两腿的弓步换位；

（3）做中、慢速连续动作练习。

第十四节 “背后交叉”

“背后交叉”是让球在身后自由跳动，用身体掩护球、隐藏球的招式。这一招式可以迷惑对手，以求得到最佳的进攻机会。

一、动作方法

“背后交叉”的动作方法（见图 5-14-1）是：

（1）两脚平行开立，身体保持正直，两膝弯曲，重心下降；

（2）用左手在身体左侧后部运球；

（3）以手指、手腕拨球，将球拍到身后两腿之间，右手放到身后准备接拍球；

（4）当球运到身体右侧后部时，再交由右手继续将球拍运到左侧后部。

图 5—14—1

二、练习方法

要掌握这个招式需要良好的球感，以及手指、手腕对球的控制能力，并能准确估计到球的落点和反弹方向，练习方法是：

(1)做原地体前左右手变向运球练习；

(2)做原地体后左右手变向运球练习，用眼睛余光看球；

(3)做不看球的体后交叉变向运球练习。

第十五节“咸鱼翻身”

“咸鱼翻身”是让球跟随身体的翻转而穿梭起伏的招式，对身体的柔韧性和灵活性要求较高。

一、动作方法

“咸鱼翻身”的动作方法(图 5–15–1)是：

(1)两脚前后开立，重心压低，身体前屈，运球于体侧，以右手做胯下运球，准备将球变向到身体左侧；

(2)在球向左侧变向的同时，身体前扑，当要接近地面时，以右手撑地(撑地动作要轻，身体的重量不可全压到手上)，身体向右翻滚时，左手接运球；

(3)此时身体坐躺在地面上，左手拍球，右手收回不再撑地，从球的底部抄球，向上翻转；

(4)左手撑地，右手带球转身，身体转过后做打挺动作；

(5)整个动作要连贯，一气呵成。

图 5-15-1

二、练习方法

这个招式对身体的协调性和灵活性要求较高，需要刻苦练习，练习方法是：

（1）做原地体前变向运球练习；

（2）做原地转身运球练习；

（3）做行进间转身运球练习；

（4）做街舞翻滚动作练习。

第十六节 “过山车”

“过山车”是使球从身前弹到肩部后上方，然后从另一侧斜滑下来的招式。这个招式中，球的运行轨迹就像过山车一样。

一、动作方法

“过山车”的动作方法（见图 5-16-1）是：

（1）两脚平行开立，右手运球于体侧，两膝弯曲；

（2）右脚向斜前跨步，重心下降，身体前压，以右手运球于身体右侧；

（3）右手用力拍球，将球从体前拍到身体左侧，左手借球的反弹力向上引球，身体继续向下压，使球超过肩部和头部；

（4）当球超过肩部和头部时，身体向左上旋转，左手从肩后向下、向右拨球。

图 5-16-1

二、练习方法

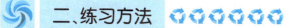

这个招式需要良好的球感，以及手指、手腕对球的控制能力，并能准确估计到球的落点和反弹方向，练习方法是：

（1）做原地体前左右手变向运球练习；

（2）做直接背后抛拍球练习；

（3）做完整的慢动作练习。

第十七节“背越穿梭”

“背越穿梭”是从背后向体前、胯下做变向运球的招式，这一招式比较复杂，实际上是背后运球和胯下运球的综合。

一、动作方法

“背越穿梭”的动作方法（见图 5-17-1）是：

（1）两脚前后开立，左脚在前，身体保持正直，两膝略弯曲，以右手运球于身体右侧，反复推拉球；

（2）当右手把球拉到身体后侧时，后脚蹬地、提起，做前跨步动作，同时以手指、手腕将球由身体侧后方经由两腿之间拍到身体左前侧；

（3）左手准备接拍球，在身体左侧做相同的动作。

图 5—17—1

二、练习方法

掌握这个招式需要良好的球感和对球的控制能力，并能准确判断球的落点和反弹方向，练习方法是：

（1）做原地体侧推拉球练习；
（2）做原地体后左右手变向运球练习；
（3）做行进间胯下运球练习。

第十八节 “反弹琵琶”

“反弹琵琶”是使用单手连续做胯下运球动作，让球在胯下自由穿梭的招式。

一、动作方法

“反弹琵琶”的动作方法（见图 5-18-1）是：

（1）右手运球，尽量将球“粘”在手上，拉到与肩平行，两脚左右开立，两膝伸直，身体保持正直，两臂张开；

（2）当右手把球拉到与肩平行时，左脚前跨，同时迅速将球从胯下反拍到身体左侧；

（3）当球下落反弹时，右手迅速横移到身体左侧迎球；

（4）右手以反手动作，将球反拉到身体右侧。

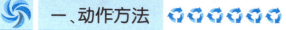

图 5-18-1

二、练习方法

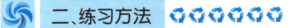

这个招式对身体协调性要求较高，动作要舒展大方，动作幅度越大越好，需要良好的球感和手指、手腕对球的控制能力，并能准确估计到球的落点和反弹方向，练习方法是：

(1)做原地左右手大幅度体侧拉球练习；

(2)做原地左右手大幅度变向运球练习；

(3)做小幅度单手胯下变向运球练习。

第十九节“大鹏展翅”

“大鹏展翅”是体前变向运球技术的变异，这一招式中身体需要随着球的下落和弹起而起伏，同时当球每变一次方向身体要随着横向移动。

一、动作方法

“大鹏展翅”的动作方法(见图 5-19-1)是：

(1)右手在体侧运球，当球弹起时，身体随之上升，球好像粘在手上一样，拉到与肩平行，两膝伸直，两臂张开；

(2)当右手把球拉到与肩平行时，迅速将球压向地面，做变向动作，同时左脚侧跨、右脚跟上，身体向左侧横向滑动，迅速拍击球，使球反弹到身体左侧；

(3)左手接到球后，做与右手相同的动作，方向相反。

图 5—19—1

二、练习方法

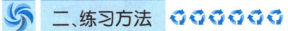

这个招式对身体的协调性要求较高，动作要舒展大方，需要系统学习和刻苦练习，练习方法是：

(1)做原地左右手大幅度体侧拉球练习；

(2)做原地左右手体前变向运球练习。

三对三篮球

第六章 三对三篮球概述

三对三篮球也称三人篮球，是指参与双方各上场 3 名队员，在半个篮球场地上按照一定规则进行的运动。这项运动源于美国的街头篮球，后来发展为一种成熟的比赛形式，深受广大篮球爱好者的喜爱。

第一节 起源与发展

三对三篮球源于美国的街头篮球，后来发展为一种比赛形式。近几年来，三对三篮球传入中国，深受国内篮球爱好者的关注和喜爱。

一、起源

三对三篮球是美国街头篮球的一个分支，最初的形式比较自由，规则也不严格。它作为一种正式的比赛形式，最早出现于欧洲。1992 年，德国柏林的篮球爱好者们别出心裁地想出了“三对三”的篮球比赛形式，并因其器材要求低、比赛气氛轻松，很快就传遍了欧洲。

二、发展

20 世纪 90 年代中期，三对三篮球走进欧美的都市和乡镇，成为大众喜爱的一种运动方式。它的比赛形式脱离了许多限制，具有一定的艺术表现力，比传统的篮球比赛更具观赏性和娱乐性。

1993 年，三对三篮球传入中国，目前，广州、北京、上海等城市已举办了多次比赛。

NBA 全明星周末专门安排了三对三篮球比赛，在 NBA 篮球明星的带动下，很多青少年都参与到三对三篮球运动之中。

第二节 特点与价值

三对三篮球是融对抗性和集体性于一体的运动项目，参与这项运动可以提高身体素质和培养团队精神。

一、特点

（一）对抗性

三对三篮球运动的攻守对抗是在狭小的场地范围内进行的。拼抢篮板、断球与反断球、进攻与防守等，体现了身体的对抗和意志品质的对抗。

（二）集体性

三对三篮球运动是以队员之间协同攻守的形式进行的，比赛中不仅需要良好的个人技术，更需要队员之间的协同配合，发挥集体的智慧。

二、价值

（一）提高身体素质

三对三篮球是一项对抗性较强的运动，参与者不仅需要不停地跑动、起跳，还需要良好的身体协调性和平衡性，这对全面提高身体素质具有积极的作用。

（二）培养团队精神

三对三篮球是一项集体性运动项目，要想取得比赛胜利，队员之间必须相互配合、相互信任、相互包容，这对培养青少年的团队精神具有很大的促进作用。

第七章 三对三篮球场地、器材和装备

三对三篮球比赛的场地是半个篮球场，运动器材和装备则和正式篮球比赛是相同的。

第一节 场地

三对三篮球比赛的场地是半个篮球场（14 米 X 15 米），其规格和设施都有一定的要求。

一、规格

三对三篮球比赛的场地规格(见图 7—1—1)是：

(1)罚球线与端线平行，长度为 3.6 米，其外沿距端线内沿 5.8 米；

(2)罚球区是以罚球线中点为圆心、半径为 1.8 米的半圆区域；

(3)在距边线 1.25 米处，从端线引出两条平行线段，这两条平行线段与半径为 6.25 米的圆弧构成三分线。

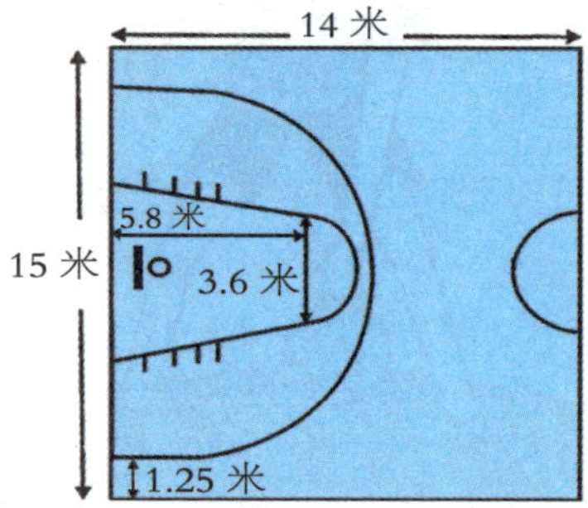

图 7—1—1

二、设施

三对三篮球比赛的球篮高度因参赛对象的不同而有所差异。

(1)男女成年、女子高中以上、男子初中以上(含初中)的青年组比赛,所用球篮距离地面 3.05 米;

(2)女子初中及男女小学组的比赛,所用球篮距离地面 2.8 米。

第二节 器材

三对三篮球比赛所用的篮球,在规格和材质上和正式篮球比赛所用的篮球是相同的。

一、规格

篮球的规格(见图 7-2-1)是:

(1)呈标准的圆球体,颜色一般为橙色;

(2)球的圆周不得小于 0.749 米,不得大于 0.78 米;

(3)球的重量不得轻于 567 克,不得重于 650 克。

图 7-2-1

二、材质

篮球的外壳由皮革、橡胶或合成物质制成，球面的接缝宽度不得超过 6.35 毫米。

第三节 装备

三对三篮球比赛的装备和正式篮球比赛的装备大体相同，包括服装、球鞋和护具等。

一、服装

服装的款式和材质要求（见图 7—3—1）是：

（1）款式应以背心、短裤为主；

（2）材质以吸汗性较好的纯棉材料为宜。

二、球鞋

球鞋要合脚，鞋底与地面的摩擦力要强，这是做好自我保护的重要前提（见图 7—3—2）。

图 7—3—1

图 7—3—2

三、护具

护具包括护腕、护膝和护肘。护具的选择比较自由、灵活，佩戴舒适即可（见图 7—3—3）。

图 7—3—3

第八章　三对三篮球基本技术

三对三篮球源于街头篮球，它的基本技术包括基本招式、基本功练习，以及进攻技术和防守技术等。

第一节 基本招式

基本招式是三对三篮球的基本控球技术，包括胯下运球、背后运球、转身运球、急停急起运球、体前变向运球、反复换手变向运球突破和急停后仰跳投等。

一、胯下运球

胯下运球的动作方法（见图 8—1—1）是：

（1）左手运球时，在左腿向前跨出后，用左手将球拍至胯下，使之着地反弹至另一侧，再用右手继续运球；

（2）整个动作过程始终目视前方，不可低头看球；

（3）动作要迅速，招式要熟练。

图 8—1—1

二、背后运球

以右手运球为例，背后运球的动作方法（见图 8－1－2）是：

（1）向左侧变向，变向时右脚在前，右手将球拉到身后；

（2）迅速转腕拍按球的右后方，将球从身后拍按至身体左侧前方；

（3）左手运球，左脚向前，加速前进。

图 8－1－2

三、转身运球

以右手运球为例，转身运球的动作方法（见图 8－1－3）是：

(1)右脚蹬地,左脚提起跟上半步落地;

(2)变向时右脚蹬地,后转身,同时右手将球运至身体左侧前方;

(3)换手运球,加速前进。

图 8—1—3

四、急停急起运球

急停急起运球的动作方法(见图 8—1—4)是:

(1)快速运球急停时,右脚跟先着地,右膝弯曲,臀后坐,右手拍按球的上部;

(2)运球急起时,右脚快速用力蹬地,左脚快速前跨,上体迅速前倾,右手向前推球。

图 8-1-4

五、体前变向运球

体前变向运球的动作方法(见图 8-1-5)是:

(1)右手在身前推球击地,使之反弹至左手外侧;

(2)改变方向换左手向前运球时,两肩正对运球方向,用臂和腿保护球;

(3)后脚用力蹬地,继续向前运球突破。

图 8-1-5

六、反复换手变向运球突破

反复换手变向运球突破的动作方法(见图 8-1-6)是:

(1)低运球,落点要近,迅速做身前换手,身体重心随着换手而移动;

（2）准备突破时，左手运球换成右手运球，身体突然转向运球方向，右手向斜前方快速运球。

图 8—1—6

七、急停后仰跳投

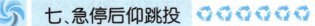

为避开防守队员的封盖，可用运球急停后仰跳投，动作方法(见图 8-1-7)是：

(1)进攻者用右手向右侧运球突破，运至篮下附近时突然急停，将球置于身体右侧以便保护；

(2)急停后，向左侧后上方跳起；

(3)起跳后身体略向后仰，用腰腹部肌肉控制身体平衡并及时出手投篮。

图 8-1-7

第二节 基本功练习

娴熟的基本招式是以扎实的基本功为基础的。如果基本功不扎实，在比赛中就很难作出基本的接球、传球和投篮动作，更不可能运用基本招式。所以，基本功练习是非常重要的。

一、熟悉球性

（一）头部绕球练习

头部绕球练习的动作方法（见图 8-2-1）是：

（1）右手持球，先越过右肩从头的后部绕过；

（2）然后用左手在左肩处送球，再以右手接球转回到右肩，加速转动。

图 8-2-1

(二)腰部绕球练习

腰部绕球练习的动作方法(见图 8-2-2)是:

(1)右手持球从右侧往腰后转,然后左手接球从左侧转至腰前交至右手;

(2)动作逐渐加速,争取在 30 秒内转动 25 次以上。

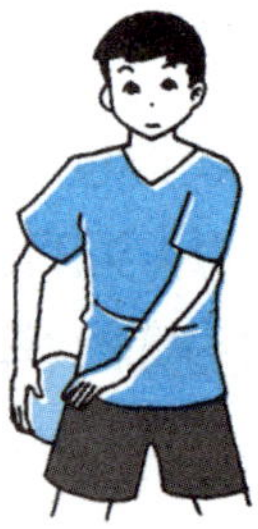

图 8-2-2

(三)双腿、单腿绕球练习

双腿、单腿绕球练习是指持球交替绕双腿和单腿练习,动作方法(见图 8-2-3)是:

（1）两腿并拢，右手持球绕两腿 1 圈，然后两腿分开绕右腿 1 圈，再把双腿并拢绕 1 圈，两腿分开绕左腿 1 圈；

（2）4 圈为 1 个动作周期，动作逐渐加快，争取在 30 秒内绕 45 圈以上。

图 8-2-3

（四）腿间“8”字绕球练习

腿间“8”字绕球练习的动作方法（见图 8-2-4）是：

（1）两脚分开约与肩同宽，屈膝，右手在两腿中间送球，左手绕至身后接球；

（2）左手把接住的球绕至前方，送回到两腿中间，右手再绕至身后接球；

（3）交接球动作要流畅，争取在 30 秒内做 50 次以上。

图 8-2-4

(五)前后接球练习

前后接球练习的动作方法(见图 8-2-5)是:

(1)两脚分开与肩同宽,两手持球,在分开的两腿中间放开;

(2)放开球的同时,两手迅速绕到腿后,在球没有落到地面时把球接住;

(3)然后在后方放球,两手快速绕至前方接球。

图 8-2-5

(六)单手胯下绕球练习

单手胯下绕球练习的动作方法(见图 8-2-6)是：

(1)先做只用右手控制球的练习，右手放后，在两腿中间拍球，然后绕至前面接球，反复练习；

(2)熟练之后，可换左手进行同样练习，目标是在 30 秒内做 45 次以上。

图 8-2-6

(七)绕两腿“8”字运球练习

绕两腿“8”字运球练习的动作方法(见图 8-2-7)是：

(1)两腿分开，右手绕右脚从后往前拍球，球到身前时从两腿中间穿过；

(2)左手在身后接球，绕左脚从后往前拍球，球到身前时从两腿中间穿过；

(3)右手接球，连续练习，开始时慢慢低运球，然后逐渐提高速度，目标是在 30 秒内做 10 次以上。

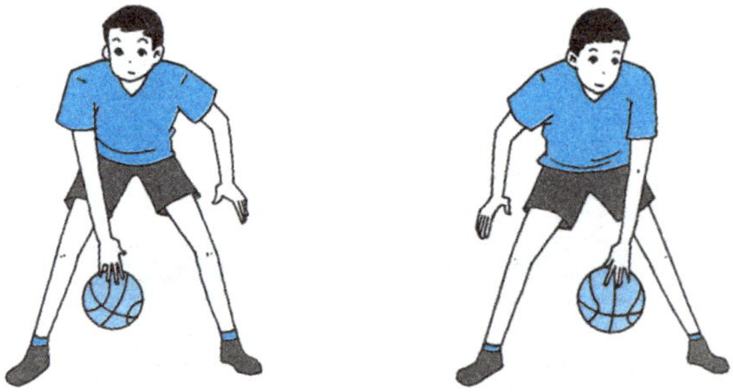

图 8—2—7

二、控制球练习

(一)头上控球(见图 8—2—8)

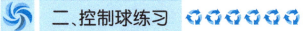

头上控球是指过顶传球的控球位置，可以传球，但不适合运球，也不适合投篮。

图 8—2—8

（二）“三威胁”姿势（见图 8—2—9）

“三威胁”姿势是把球置于额上或者下颌附近的状态，可以投篮、传球或运球。为了马上转入进攻和防止防守队员的抢断，应尽量靠近身体持球。

图 8—2—9

（三）腹部控球（见图 8—2—10）

腹部控球是指用两手持球，使球紧贴肚脐，两肘略张开的守护球姿势，是最适合运球、传球、投篮的控球姿势。

图 8—2—10

（四）腰侧控球（见图 8—2—11）

当防守队员伸手想要抓球时，进攻队员可把球放到相反一侧的腰部附近，准备投入下次进攻。

图 8—2—11

(五)膝侧控球(见图 8—2—12)

当防守队员伸手想要抢球时，进攻队员可把球放到相反侧的膝关节旁边,准备下次进攻。

图 8—2—12

(六)脚侧控球(见图 8-2-13)

为了不让防守队员的手够到球，进攻队员可在身体最低的位置持球。以这种姿势保护球时,若对方来争抢球,容易导致犯规。

图 8-2-13

三、脚步动作练习

(一)侧身跑

比赛中快下队员和切入抢位队员可运用侧身跑技术,动作方法(见图 8-2-14)是:

跑时脚尖对准跑动方向,头和上体转向有球方向,随时用眼睛观察场上情况。

图 8—2—14

(二)变向跑

当进攻队员对付紧逼自己的防守队员时,可用变向跑技术摆脱对方,动作方法(见图 8—2—15)是:

(1)向右变向时,左脚前脚掌内侧向左用力蹬地,上体右转,同时右脚向右前方迅速迈出;

(2)向左变向时,动作相同,方向相反。

图 8-2-15

(三)急停

跑动中利用急停可直接甩开防守队员。各种脚步移动的变化几乎都由急停动作来过渡和衔接。因此,急停动作的好坏,直接影响下一个动作的质量。

1.跳步急停

在慢跑和主动接近防守队员接球突破时,多用跳步急停,以便两脚都能做中枢脚,动作方法(见图 8-2-16)是:

一脚跳起,两脚同时落地,前脚掌用力,屈膝降重心,保持身体平衡。

图 8-2-16

2.跨步急停

快速跑动中用跨步急停，便于停住、停稳，动作方法（见图8-2-17)是：

第一步要大,第二步落地的同时两膝深屈,重心下降,以减缓向前的冲力,两臂张开以维持身体平衡。

图 8-2-17

（四）转身

通过转身可摆脱防守队员，获得传球、运球、投球的机会，也能在抢篮板球时抢占据有利位置。

1.前转身

背向防守队员持球时，可用前转身衔接下一个进攻动作，动作方法（见图 8-2-18）是：

（1）一脚向中枢脚脚尖方向跨出；

（2）转身时，要用中枢脚的前脚掌转动。

图 8-2-18

2.后转身

利用后转身摆脱防守队员时必须贴紧防守队员，以便转身后获得有利位置，动作方法(见图 8-2-19)是：

(1)一脚向中枢脚脚跟方向跨出；

(2)转身时，要用中枢脚的前脚掌转动。

图 8-2-19

(五)滑步

滑步是防守队员的主要移动步法，包括侧滑步、侧前滑步和侧后滑步，动作方法(见图 8-2-20)是：

(1)以侧滑步为例,向左侧滑步时,左脚向左跨出一步,同时右脚前脚掌内侧用力蹬地,贴着地面滑动,跟随左脚移动;

(2)侧前滑步、侧后滑步与侧滑步动作相同,方向各异。

图 8—2—20

第三节　进攻技术

持球进攻时,动作要多变,节奏要鲜明,要根据人、球和球篮的具体情况及时调整进攻。在进攻时,主要采用的技术有运球、突破、投篮和传球。

一、运球

（一）高运球

高运球的动作方法(见图 8-3-1)是：

(1)上体略前倾，两肩正对运球方向，运球高度约在腰和胸部之间；

(2)球落点一般在身体右侧，左臂弯曲举于身前，用左臂和腿保护球。

图 8-3-1

（二）低运球

低运球的动作方法（见图 8-3-2）是：

运球高度在膝和腰部之间，以便更好地控制球，减少防守者抢球的可能性。

图 8-3-2

（三）高运球变低运球

高运球变低运球的动作方法（见图 8-3-3）是：

运球者在高运球的过程中变换方向时，由高运球变为低运球。

图 8—3—3

二、突破

(一)顺步突破

顺步突破的动作方法(见图 8—3—4)是:

(1)两脚左右开立,两膝略屈,身体重心降低,持球于胸、腹之间;

(2)突破时,右脚向右前方跨出一步,向右转体探肩,重心前移;

(3)右手运球,左脚前脚掌迅速蹬地,向右前方跨出,突破防守。

图 8—3—4

(二)交叉步突破

交叉步突破的动作方法(见图 8—3—5)是：

(1)突破时，左脚前脚掌内侧迅速蹬地，上体略右转，左肩向前下压，重心向右前方移动，左脚向右侧前方跨出，将球引于右侧；

(2)接着运球，中枢脚蹬地向前跨出，迅速突破防守。

图 8-3-5

(三)前转身持球突破

前转身持球突破的动作方法(见图 8-3-6)是:

(1)突破前用身体(头部、肩部)和球做假动作虚晃,吸引防守;

(2)然后用右脚内侧迅速向侧后方蹬,并向左跨步,身体以左脚前脚掌为轴向左转动;

（3）在紧贴防守队员的情况下，向左转肩、转体，用左手或右手放球于体侧，身体保护球，抢占有利位置后再进行前转身突破。

图 8—3—6

（四）后转身持球突破

后转身持球突破的动作方法（见图 8—3—7）是：

（1）以左脚做中枢脚为例，背向球篮站立，两脚平行开立，两腿弯曲，重心降低，两手持球于腹前；

（2）突破时以左脚为轴转身，右脚向右侧后方跨步，上体右转，脚尖指向侧后方，右手向右脚前方放球，左脚前脚掌内侧迅速蹬地，向球篮方向跨出，运球突破防守。

图 8-3-7

(五)行进中后转身换手运球突破

行进中后转身换手运球突破的动作方法(见图 8-3-8)是:

(1)从低运球开始变换,后转身动作开始时,左脚向前跨步落于防守者的两脚中间(起制动作用),屈膝,重心略偏于左脚;

(2)后转身时,右脚蹬地后撤,转腰,重心移至左脚,以左脚做中枢脚向后转身,同时右手向后按球;

(3)转身后迅速改用左手运球,并要靠近身体做低运球,跨左脚,继续运球向前突破;

(4)在整个转身换手运球过程中,用靠近防守者一侧的臂和腿保护球。

图 8-3-8

三、投篮

(一)双手胸前投篮

双手胸前投篮的动作方法(见图 8-3-9)是:

(1)双手持球于胸前,肘关节自然下垂(不要外展),上体略前倾,两膝略屈,身体重心放在两脚之间,目视投篮目标;

(2)投篮时两脚蹬地,腰腹伸展,两臂上伸,拇指向前压送,两手腕同时外翻,指端拨球,用拇指、食指、中指投出,腿、腰、臂自然伸直。

图 8-3-9

(二)单手肩上投篮

单手肩上投篮的动作方法(见图 8-3-10)是：

(1)持球接近下颌高度，右脚略前，左脚略后，重心放在两脚之间，上体前倾，两膝略屈，上体肌肉放松，目视投篮目标；

(2)投篮时用力蹬地，伸展腰腹，抬肘，手臂上伸，手腕、手指前屈，指端拨球，用中指和食指将球投出，手臂向前自然伸直。

图 8—3—10

（三）罚球

罚球的动作方法（见图 8—3—11）是：

（1）以右手罚球为例，右脚尖离罚球线 2 厘米左右，左脚置于自己感到合适的地方，屈膝，身体重量主要落在右脚上；

（2）右手五指分开，托球于头侧前方，左手扶球，目视篮圈，右手手腕后屈；

（3）球出手时，右臂向上伸，用指端将球投出；

（4）球出手后，手腕自然下翻。

图 8—3—11

四、传球

(一)双手胸前传球

双手胸前传球的动作方法(见图 8—3—12)是:

(1)传球时下肢发力,身体前移,前臂迅速向传球方向伸直,手腕翻转抖动,同时拇指用力下压,食指和中指用力弹拨将球传出;

(2)传球距离越近,前臂前伸的幅度越小,传球后身体迅速调整成基本站立姿势。

图 8—3—12

(二)双手反弹传球

双手反弹传球的动作方法(见图 8—3—13)是:

(1)双手夹球置于胸前,两肘向外;

(2)要掌握好传球的击地点,击地点一般应在两队员之间、距离接球队员三分之一处。

图 8—3—13

(三)双手头上传球

双手头上传球的动作方法(见图 8—3—14)是:

(1)双手举球于头上,两肘和手心向前;

(2)传球时小臂前摆,手腕前扣外翻的同时,拇指、食指、中指用力向前拨球,将球传出。

图 8—3—14

(四)单手肩上传球

单手肩上传球的动作方法(见图 8—3—15)是:

(1)右手传球时,持球手五指自然张开,左脚向传球方向迈出,同时引球于右肩上方;

(2)出球时下肢发力，右脚蹬地，转腰、转肩，前臂前摆，并迅速向前扣腕，带动食指、中指和无名指用力拨球，将球传出；

(3)球出手后，顺势向前迈步，保持基本站立姿势。

图 8-3-15

(五)单手体侧传球

单手体侧传球的动作方法(见图 8-3-16)是：

(1)双手胸前持球，右手传球时左脚左跨一步；

(2)右手引球至身体右侧并向前做弧线摆动，拇指向上，手心向前，手腕前屈，食指和中指用力拨球，将球传出。

图 8—3—16

(六)单手背后传球

单手背后传球的动作方法(见图 8—3—17)是:

(1)双手持球摆至体侧,以右手传球为例,扶球的左手离开,右手引球继续向背后摆,前臂摆球至臀部,向传球方向急促扣腕,食指、中指、无名指用力拨球;

(2)球离手越早,传球的高度越低,球离手越晚,传球的高度越高。

图 8—3—17

第四节 防守技术

防守技术是抑制对方得分的技术。只有做好防守，才能瓦解对方的进攻，从而取得比赛的胜利。防守技术包括防突破、防运球、防传球和篮下防守等。

一、防突破

防突破的动作方法(见图 8-4-1)是:

(1)防守位置应在进攻者方向的侧前方,与进攻者的距离应既能防投篮又能防突破,保持低重心;

(2)移动时用交叉步,不能用滑步;

(3)手应向前下方伸出,以防进攻者身前换手改变运球方向;

(4)打球时,要用外侧的手臂顺势进行。

图 8-4-1

二、防运球

防运球的动作方法(见图 8-4-2)是：

(1)防运球时，位置应在进攻者方向的略前方，要保持低重心；

(2)用滑步，不能用交叉步；

(3)防守时手应向前下方伸出，以防进攻者身前换手改变运球方向；

(4)打球时，要用内侧的手臂顺势进行；

(5)在进攻者即将超越防守者的瞬间，防守者可以从后面打球；

(6)如持球者从防守者左侧运球突破，防守者可以左脚为轴，紧随进攻者身后做前转身跨步，手臂和上体向前伸展，用右手从进攻者的后方打球。

图 8-4-2

三、防传球

防传球的动作方法（见图 8-4-3）是：

（1）在用滑步进行防守时，防守者的右脚应力求保持对准进攻者的躯干位置，右手向斜下方伸出，以防进攻者身前换手改变运球方向；

（2）如果进攻者改变方向换手向左运球，防守者的右脚应立即向斜后方滑步后撤，左脚对准进攻者的躯干，左臂向斜下方伸出；

（3）当进攻者停止运球时，防守者应立即上前，两脚平行开立，逼近进攻者，但要防止犯规。

图 8-4-3

四、篮下防守

篮下防守的动作方法(见图 8-4-4)是:

(1)防守中锋时,首先应尽力不让其接球;

(2)当中锋处于球的同侧篮下时,防守者应力争做绕前防守,并力争始终处于球和中锋之间的位置上。

图 8-4-4

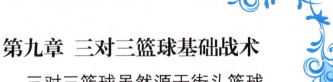

第九章 三对三篮球基础战术

三对三篮球虽然源于街头篮球，但它讲求对战术的运用，即三名队员之间协同配合，以便最大限度地发挥个人和全队的攻防能力。三对三篮球的基础战术包括进攻战术和防守战术两方面。

第一节 进攻战术

进攻战术是指进攻方合理运用技术和规则，相互配合，协同进攻。进攻战术包括传切配合、突分配合、掩护配合和策应配合等。

一、传切配合

传切配合是指持球队员传球后，利用启动速度或假动作摆脱防守，向篮下切入接回传球投篮的配合方法。

1.动作方法（见图 9—1—1）

（1）④传球给⑤后，立刻摆脱❹向篮下切入；

（2）④接到⑤传来的球后投篮。

2.战术要求

（1）切入队员要根据情况掌握切入时机，果断、快速地摆脱对方，并随时注意接同伴的传球；

（2）传球队员要运用假动作吸引对方，当切入队员已摆脱对方并处于有利位置时，应及时、准确地把球传给切入队员。

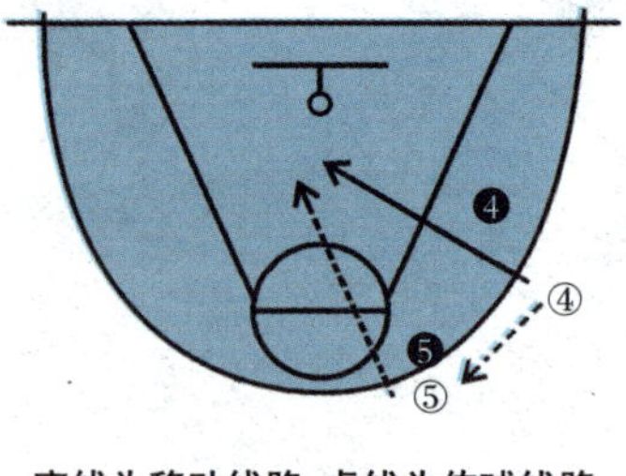

实线为移动线路，虚线为传球线路

图 9—1—1

二、突分配合

突分配合是指持球队员突破后，利用传球与同伴配合的方法。

1.动作方法(见图 9—1—2)

(1)⑤突破❺后，遇到❼的补防，⑤立刻把球传给切入篮下的⑦；

(2)⑦接球后投篮或与其他同伴配合。

2.战术要求

(1)突破要突然、快速；

(2)在突破过程中，既要做好投篮准备，又要随时观察场上攻守队员的位置和行动，以便抓住时机，把球准确地传给有利进攻的同伴。

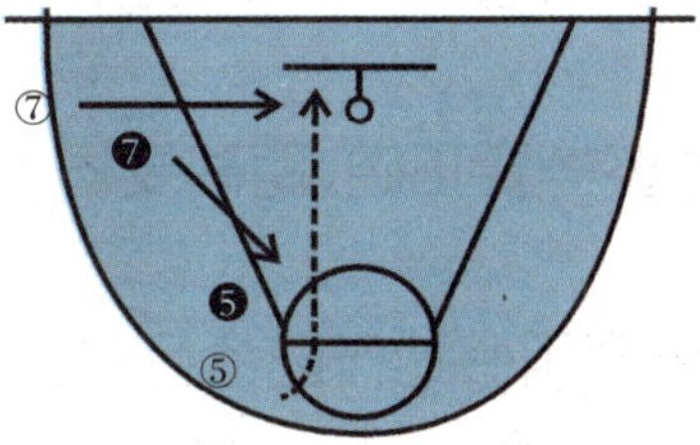

图 9—1—2

三、掩护配合

掩护配合是指掩护队员采取合理行动，用身体挡住同伴的防守者的移动路线，使同伴借以摆脱防守的配合方法，包括前掩护、后掩护、侧掩护和定位掩护等。

（一）前掩护

前掩护是指掩护队员站在同伴的防守者前面，用身体挡住防守者向前移动的路线，使同伴借机摆脱防守的配合方法。

1.动作方法（见图 9—1—3）

（1）④传球给⑤后，先做向篮下切入的假动作，然后突然跑到❺身前，形成前掩护；

（2）⑤接球后，利用④的掩护进行投篮，或做其他进攻动作。

2.战术要求

（1）掩护时，身体姿势要正确，距离要适当，动作要合理，行动要隐蔽；

（2）被掩护队员要利用假动作配合行动，当同伴到达掩护位置时，要突然、快速地摆脱对方；

（3）两人配合要默契，行动要及时，并根据情况变化及时应变。

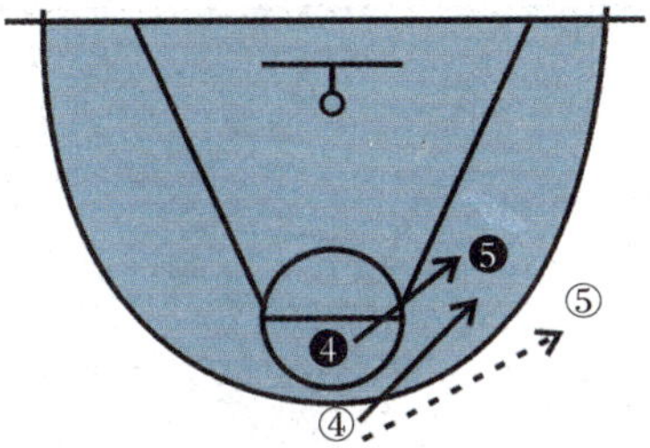

实线为移动线路，虚线为传球线路

图 9—1—3

（二）后掩护

后掩护是指掩护队员站在同伴的防守者身后，挡住其移动路线，使同伴借以摆脱防守的配合方法。

1.动作方法（见图 9—1—4）

（1）⑤传球给④的同时，⑥到❺身后做掩护；

（2）⑤传球给④后，利用⑥的后掩护摆脱防守，切入篮下，接④的传球投篮；

（3）⑥及时转身跟进。

2.战术要求

同前掩护的战术要求。

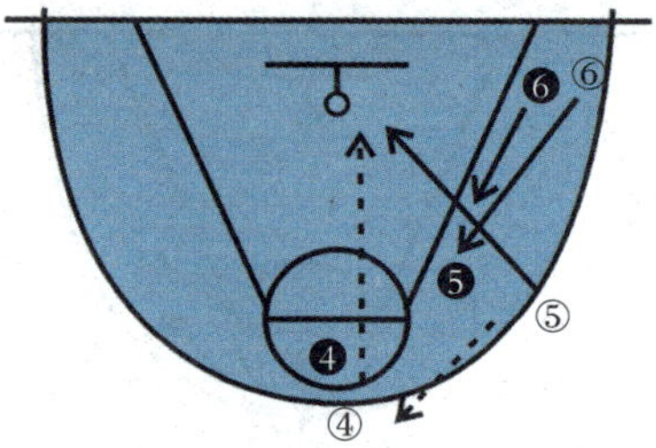

实线为移动线路，虚线为传球线路

图 9—1—4

（三）侧掩护

侧掩护是指掩护队员站在同伴防守者侧面，用身体挡住防守者的移动路线，使同伴借以摆脱防守的配合方法。

1. 动作方法（见图 9—1—5）

（1）⑤传球给④后，去给⑥做掩护，⑥摆脱防守切入篮下，接④的传球投篮；

（2）④传球前要利用假动作吸引对方，并调整配合时间；

（3）⑤掩护后要及时转身跟进。

2. 战术要求

同前掩护的战术要求。

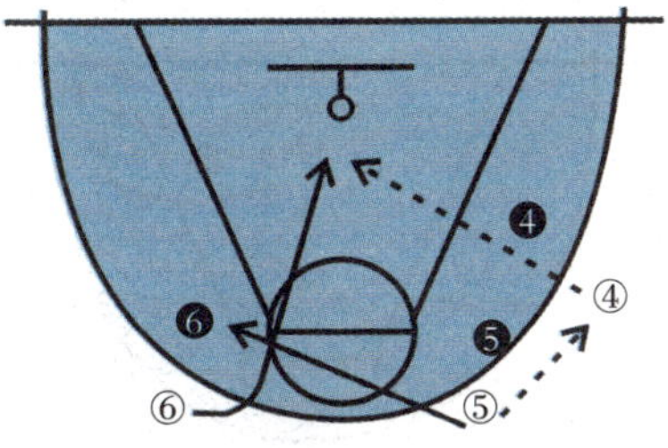

实线为移动线路，虚线为传球线路

图 9-1-5

(四)定位掩护

定位掩护是指进攻队员利用同伴的身体挡住对方去路，从而摆脱防守、创造投篮机会的配合方法。

1.动作方法(见图 9-1-6)

(1)⑤传球给④后，利用假动作把❺带到⑥的身旁，然后贴近⑥切入篮下；

(2)④接球后利用假动作吸引对方并调整配合时间，一旦⑤摆脱防守，立即传球给⑤。

2.战术要求

同前掩护的战术要求。

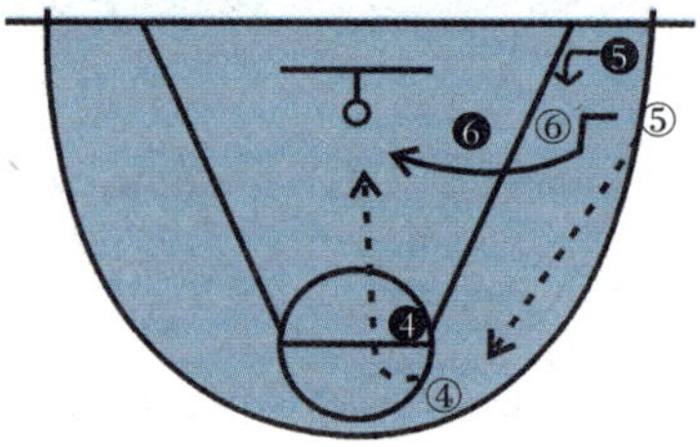

实线为移动线路，虚线为传球线路

图 9—1—6

四、策应配合

策应配合是指进攻队员背对或侧对篮筐接球，作为枢纽与同伴里应外合的配合方法。

1.动作方法(见图 9—1—7)

(1)⑤传球给④后，利用假动作摆脱防守，到罚球线附近接④的传球做策应；

(2)④传球后摆脱防守，然后接球投篮。

2.战术要求

(1)策应者要及时抢位要球，接球后两手持球于胸前，两肘外

展保护球(如果身材高大,也可把球置于头上);

(2)策应者要随时观察场上情况,以便及时把球传给处于最有利位置的同伴,同时注意自己的进攻机会。

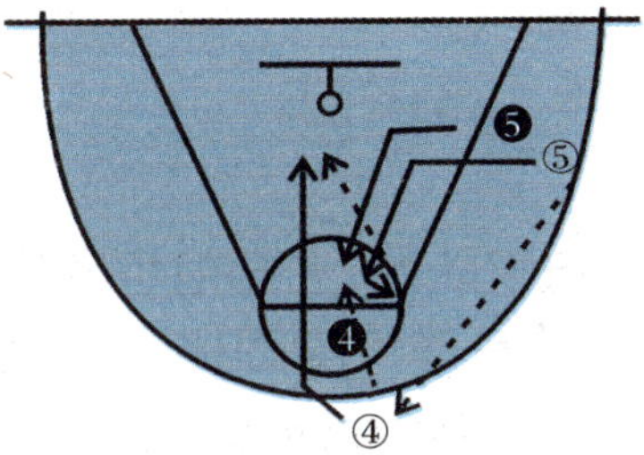

实线为移动线路,虚线为传球线路

图 9—1—7

第二节 防守战术

防守战术是指防守方有针对性地综合运用技术和规则,相互协同,发挥个人和整体能力,以防止对方以任何形式得分。防守战术包括挤过、穿过配合、绕过配合、交换防守配合和夹击配合等。

一、挤过

挤过是破坏掩护配合的一种方法,即当进攻方的掩护队员接近自己时，要迅速向前跨出一步，从两个进攻队员之间侧身挤过，继续防守。

1.动作方法(见图 9-2-1)

(1)对方⑤接⑥的传球后，向④的方向运球，④上来掩护；

(2)当④接近❺时，❺迅速向前跨出一步靠近⑤，并从⑤与④之间侧身挤过，继续防守⑤；

(3)❹及时后撤一步，以备补防。

2.战术要求

(1)挤过时要贴近进攻队员，上前抢步要快；

(2)防守掩护者的队员要提醒同伴，并选择协防的有利位置，密切注意进攻队员的行动，及时做好补防的准备。

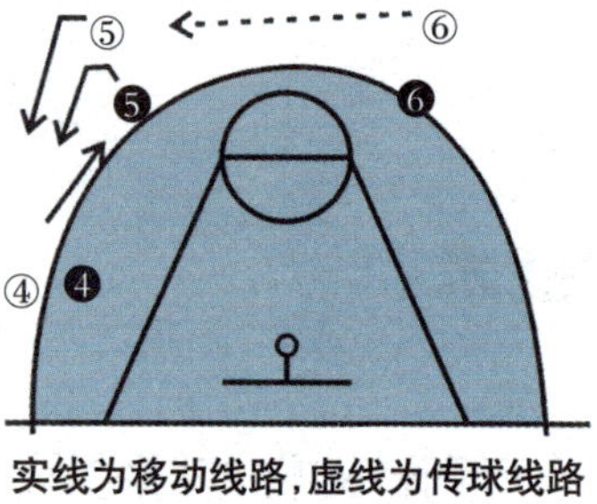

图 9-2-1

二、穿过配合

穿过配合是破坏掩护的一种方法，即当进攻方做掩护时，防掩护者的队员及时提醒同伴并主动后撤一步，让同伴及时从自己和掩护者之间穿过，继续防守。

1.动作方法(见图 9-2-2)

(1)⑤传球给⑥，④给⑤做掩护；

(2)❺后撤，从❹和④中间穿过，继续防守⑤。

2.战术要求

(1)穿过时要远离进攻队员，上前抢步要快；

(2)防守掩护者的队员要提醒同伴，同时给同伴让出位置，并密切注意进攻队员的行动，及时做好补防的准备。

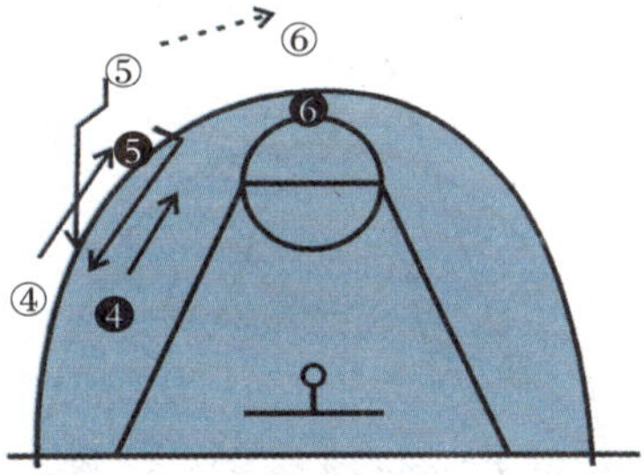

实线为移动线路，虚线为传球线路

图 9-2-2

三、绕过配合

绕过配合是破坏掩护的一种方法，即当进攻方做掩护时，防掩护者的队员贴近对方，让同伴从自己的身后绕过，继续防守。

1.动作方法(见图 9-2-3)

(1)④传球给⑥后，去给⑤做掩护，⑤切入；

(2)❺发现不便于挤过或穿过时，从❹身后绕过；

(3)❹要配合默契，主动贴近④，以便❺顺利通过。

2.战术要求

(1)绕过时要远离进攻队员，上前抢步要快；

(2)防守掩护者的队员要提醒同伴，并贴近进攻队员，让出有利位置，及时做好补防的准备。

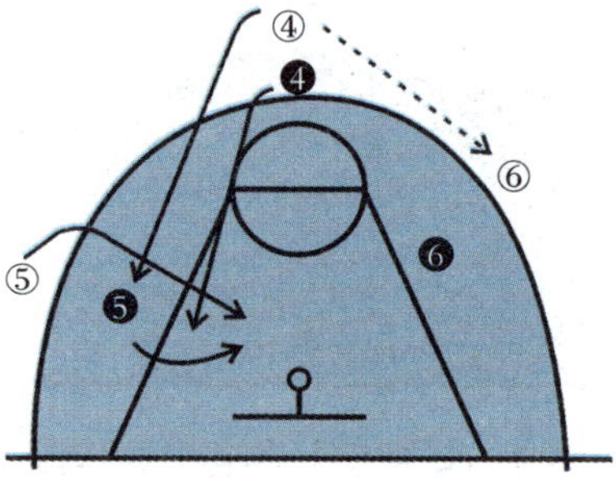

实线为移动线路，虚线为传球线路

图 9-2-3

四、交换防守配合

交换防守配合是破坏掩护配合的一种方法，即进攻队员利用掩护已经摆脱防守时，防守掩护者的队员要及时与同伴互换防守。

1.动作方法(见图 9-2-4)

(1)⑤去给④做掩护时，❺要提示❹；

(2)❹被挡住时，❺要主动呼唤同伴换防；

(3)❺防守④的运球，❹应迅速调整位置防守⑤。

2.战术要求

(1)交换防守前，一般由防守掩护者的队员主动提示同伴；

(2)换防时，动作要果断、快速；

(3)在适当的时候恢复原来的防守搭配。

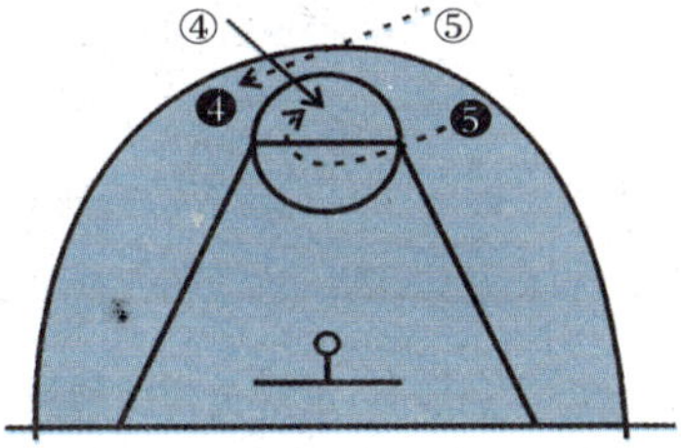

实线为移动线路，虚线为传球线路

图 9-2-4

五、夹击配合

夹击配合是指两个防守队员防守一个进攻队员的配合方法。

1.动作方法(见图 9-2-5)

(1)④掷界外球,❹放弃对④的防守,协同❺夹击⑤;

(2)❹面对⑤,积极封阻其从正面接球,❺在⑤的身后控制其快下的路线,并准备截断④的高吊球。

2.战术要求

(1)夹击要果断,并积极挥动手臂,封阻其传球路线;

(2)不要盲目抢、打球,尽量避免不必要的犯规。

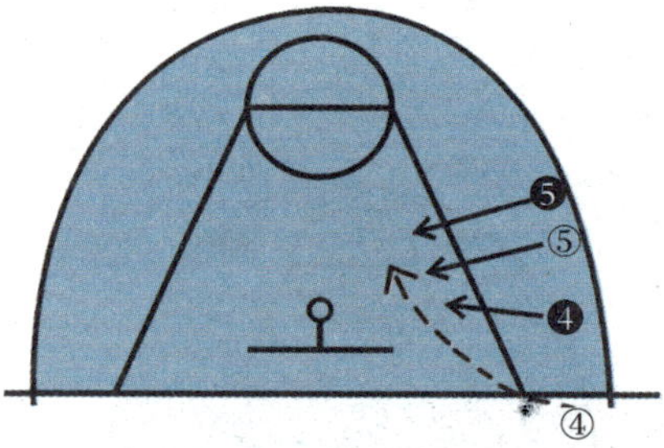

实线为移动线路,虚线为传球线路

图 9-2-5

第十章 三对三篮球比赛规则

与正式篮球比赛相比，三对三篮球的比赛规则在程序和裁判方面具有一定的特殊性。

第一节 程序

比赛程序是确保比赛顺利进行的前提条件，也是确保比赛公平、公正的基本保障。

一、参赛办法

(一)参赛人数

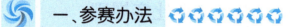

参赛各队可报名4～5人,上场队员为3人。

(二)比赛时间

1.初赛和复赛

(1)初赛和复赛不分上、下半场,全场比赛10分钟;

(2)比赛中,双方不得暂停,如有队员受伤,裁判员有权暂停比赛1分钟;

(3)比赛进行到5分钟和9分钟时,计时员各宣布1次时间。

2.决赛

决赛分上、下两个半场,每个半场8分钟,中间休息2分钟。

二、比赛方法

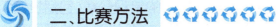

(1)比赛开始前,双方以掷硬币的形式确定发球权;

(2)比赛开始和投篮命中后,均在中圈弧线后发球;

(3)每次投篮命中后,由对方发球;

(4)双方争球时,争球队员分别站在罚球线上跳球;

(5)双方可在死球时替换队员;

(6)比赛时间终了时,得分多者为胜方;

(7)初赛及复赛阶段如出现平局,执行一对一依次罚球,某队领先 1 分即为胜方,比赛结束;

(8)决赛阶段如出现平局,加赛 3 分钟,发球权仍以掷硬币的形式决定,如果加时赛仍是平局,则以一对一依次罚球的形式决胜,某队领先 1 分即为胜方,比赛结束。

第二节 裁判

裁判工作是引导比赛顺利进行的必要手段,裁判员应严格、公平、公正地做好裁判工作。

一、裁判员

三对三篮球赛设 1~2 名裁判员和 1 名记录员,分工如下:

(1)裁判员是比赛中唯一的宣判人员,负责在记录表上签字,兼管判罚 20 秒违例;

（2）记录员兼管计时、记分，记录两队的累积分数（包括投篮和罚球的得分）、全队及个人犯规次数以及比赛时间，并按规则要求宣布比赛进行的时间和比分。

二、特殊规则

三对三篮球的比赛规则具有一定的特殊性，与正式篮球比赛的规则有以下不同：

（1）每次投篮命中后，由对方发球；

（2）所有犯规、违例及界外球均在发球区发球，发球队员必须将球传给队友，不能直接投篮或运球，否则判为违例；

（3）防守方在断球或抢到篮板球后，必须将球运出或传出 3 分线外，然后再组织进攻，否则判为违例；

（4）比赛中，每个队员允许 3 次犯规，第 4 次犯规将被判罚出场；

（5）每个队前 5 次犯规中，凡是对正在做投篮动作的队员犯规，如果投篮命中，则不判罚球，由防守方发球，如果投篮不中，则判进攻方罚球 1 次，并由进攻方发球；

（6）某队累计犯规达 5 次后，该队每次侵人犯规都由对方罚球 2 次；

（7）只能在死球的情况下进行替换队员，被换下的队员不能重新替换上场（场上队员不足 3 人时除外）；

（8）在使用小篮架的比赛中，不允许队员出现扣篮动作，否则被判罚出场。